심도 있게 편찬된
구역 및 대학·청년부 성품 G.B.S. 시리즈 ❸

OBEDIENCE

순종

묵상하는사람들
프리셉트

서문

한국 교회 성도들을 하나님의 말씀으로 돕기 위하여 쉼 없이 달려온 프리셉트 성경연구원은, 쉽고도 심도 있는 성경공부 교재 개발의 부르심 앞에 순응하여 성품 시리즈를 기획하여 출간하게 되었습니다.
신앙생활은 예수님을 섬기는 삶이며 예수님의 성품을 체득하는 과정입니다. 이 성품 시리즈는 한국 교회 성도들이 소그룹에서 예수님의 성품을 함께 배우고 닮아 가는 데 크게 기여할 수 있도록 기획되었습니다.
한편, 프리셉트성경연구원은 구역, 셀, 소그룹, 그리고 청년부의 소모임을 위해 다양한 교재를 많이 개발하여 한국 교회를 효과적으로 돕기 위해 힘쓰고 있습니다. 그 종별의 특징은 다음과 같습니다.

Ⅰ. G.B.S. 교재의 종별 특징

1. High G.B.S. 시리즈

평신도 소그룹 중 성경공부를 장기간 진행해 온 분들에게 적합한 교재입니다. 프리셉트성경연구원의 고급 과정(PUP)에서 다루는 내용을 압축하여 정리한 내용으로서, 참여자들이 1시간 정도 예습해 올 수 있을 때에 효과적으로 진행할 수 있는 교재입니다.

2. BEST G.B.S. 시리즈

소그룹 참여자들의 신앙 수준이 다양한 점을 고려하여, 다양한 도입글과 질문을 제시하였습니다. BEST G.B.S.를 쉽고 편하게 진행하기를 원하면, 「더 깊은 연구와 묵상을 위하여」를 생략하고 다룰 수 있습니다.

3. 쉬운 G.B.S. 시리즈

이 교재는 질의응답식 내용을 통해 누구나 예습 없이 현장에서 쉽게 진행할 수 있도록 구성되었습니다.

4. 주제별 G.B.S. 시리즈

이 교재는 성경의 내용을 주제별로 다뤄서 해당 주제에 대해 성경적 세계관을 확립하는 데 큰 도움을 줍니다.

5. 하나님 마음에 합한 시리즈

이 교재는 신앙생활에 관한 16가지 주제를 소그룹용으로 편찬한 교재로서, 쉬운 G.B.S.에 비해 다루는 내용이 넓고 깊습니다.

6. 40분 G.B.S. 시리즈

이 교재는 미국 프리셉트 본부에서 기획된 교재로서, 약 40분 동안 활발한 토의식 성경공부를 진행할 수 있도록 구성된 편리하고 유용한 교재입니다.

7. 성품 G.B.S. 시리즈

이 교재는 성도들이 소그룹에서 끈기 있게 예수님의 성품을 배우도록 편찬되었습니다. 이 시리즈는 감사, 경건 등 성품이란 주제에 대하여 성경 본문을 집중적으로 연구하여 적용하도록 돕는 성품 변화에 통합된 자료입니다.

8. 기타

그 외에 수련회용, 주말 성경학교용, 청소년용, 제자훈련용 등 많은 교재가 준비되어 있습니다.

Ⅱ. 인도자를 위한 안내

1. 시작 시간을 정확하게 지키십시오.
2. 성령님께서 말씀의 비밀을 깨우쳐 주시도록 함께 기도하십시오.
3. 성경공부에 들어가기 전, 지난 주에 깨달은 말씀을 함께 나누면서 마음을 여는 시간을 가지십시오.
4. 인도자는 「도입을 위한 글」(서론)을 읽은 후, 참여자들에게 다양한 질문을 하여 활발한 토론을 유도하십시오. 이때, 교재에 주어진 질문만 하지 말고 다른 보충 질문들을 준비하여 이끌어 가십시오.
5. 각 문제마다 적절한 시간을 안배하여 중점적으로 다룰 문제는 충분히 토의하고 지엽적인 문제는 간단히 진행하십시오.
6. 각 과를 인도한 후, 다음의 평가항목을 통해 스스로 자기 점검을 하십시오.
7. 인도자로서 좀 더 깊이 성경을 배우고자 하는 분들은 프리셉트 성경연구 과정에 참여하셔서 도움을 받으시기 바랍니다(문의: 02-588-2218).

Ⅲ. 평가항목

1. 보조 질문은 좋았는가?
   명확하고 간략했는가?
   본문에 충실했는가?
   본질적인 문제에 접근했는가?
   깊은 통찰과 적절한 적용을 이끌어 냈는가?

2. 참여자의 발표를 잘 유도하고 격려했는가?

3. 말을 너무 많이 하거나 적게 하지는 않았는가?

4. 준비를 충분히 하였는가?

5. 본문에서 벗어난 방향으로 토의가 진행되지는 않았는가?

6. 시간은 잘 지켰는가?

차 례

1. 불순종은 교만을 낳는다

✢ **본문** 사무엘상 15:1-31

✢ **외울 말씀** 사무엘이 이르되 여호와께서 번제와 다른 제사를 그의 목소리를 청종하는 것을 좋아하심 같이 좋아하시겠나이까 순종이 제사보다 낫고 듣는 것이 숫양의 기름보다 나으니 (22절)

도입을 위한 글

1912년 4월 10일, 마침내 타이타닉호는 사우샘프턴 항구를 떠나 첫 항해를 시작했다. 항해 중 타이타닉호는 다른 배들로부터 6번이나 위험한 빙산 지역으로 항해하고 있다는 경고 통신을 받았다. 먼저 아티나이호에서 전달된 메시지였는데, 이 메시지는 접수되고 5시간이 지나서야 전송됐다. 다음 메시지는 캘리포니안호에서 전송됐다. 하지만 이 메시지는 선장에게 전달되지 못했다. 식사 중인 선장을 방해할 수 없었기 때문이다. 메사바호에서 전송된 메시지도 선장에게 전달되지 못했다. 무선 담당자가 혼자 있는 바람에 자리를 비울 수 없었기 때문이다. 그 후에도 배 갑판에 높게 위치한 선교(船橋)에서 래파하녹호로부터 램프 불빛을 이용한 모스 부호를 받았지만, 그들은 그 경고를 무시했다. 이런 점에서 타이타닉호의 운명은 사우샘프턴 항구를 떠나기 전에 이미 결정됐다고 할 수 있다.

—맥 브룬슨, 『당신이 찾던 하나님』

도입을 위한 질문

❶ 여러분은 타이타닉호처럼 다른 사람들의 경고에 무감각했던 적이 있습니까? 그 결과는 어땠습니까?

❷ 여러분은 인생의 주인이신 하나님의 말씀에 얼마나 민감하게 반응하고 있습니까?

본문 질문

❶ 하나님께서 세우신 왕은 어떤 존재입니까(1절)?

❷ 하나님께서 선지자 사무엘을 통해 사울 왕에게 하신 명령은 무엇입니까(3절)?

*진멸하되: '닫다, 가두다, 신에게 바치다'라는 뜻이다. 즉, '인간이 함부로 취하지 말고 오직 하나님께 바치다'라는 의미다.

❸ 사울 왕은 하나님의 명령에 어떻게 불순종했습니까(8-9, 19-21절)?

❹ 불순종한 사울 왕이 하나님께 보인 또 다른 죄는 무엇입니까(12절)?

❺ 다음 글을 읽고 교만에 대해서 정리해 보십시오.

교만과 교만의 반대인 겸손에 대한 강조는 다른 신앙이나 윤리 체계에서는 찾아볼 수 없는 성경적 신앙의 독특한 특징이다. 하나님께 복종하기를 거부하고 영광을 자기에게 돌리는 반항적인 교만은 죄의 근원이며 본질로 간주된다. 아퀴나스(Thomas Aquinas)의 말과 같이 루시퍼(계명성)가 하나님으로부터 독립하여 자신의 보좌를 높이려는 시도를 했을 때, 교만이 최초로 나타났다고 말할 수 있다(사 14:12-14). 타락한 마귀(눅 10:18)는 아담과 하와에게 신과 같이 되고 싶은 열망을 주입시켰고(창 3:5). 그 결과 타락으로 인해 인간의 본성 전체가 교만에 오염되었다(롬 1:21-23). '마귀를 정죄하는 것'이 디모데전서 3:6에서는 교만과 연관되어 나온다. 교만은 마귀가 타락한 원인이었고, 마귀가 인간을 타락하게 하는 주요 수단이다.

-CLC, 『새성경사전』, '교만' 중

❻ 하나님께서 사울 왕에게 원하신 모습은 무엇이었습니까(22절)?

❼ 하나님은 교만한 마음으로 가득 차 불순종한 사울 왕을 어떻게 심판하셨습니까(23절)?

❽ 사울 왕은 하나님의 심판 앞에서도 무엇을 지키는 데에만 급급했습니까(30-31절)?

더 깊은 연구와 묵상을 위하여

❶ 사울 왕이 블레셋과의 전투를 앞두고 범한 불순종과 그에 대한 하나님의 심판은 무엇입니까(삼상 13:1-15)?

❷ 성경은 불순종하고 교만한 사람의 끝이 어떻다고 말합니까(욥 36:12; 잠 16:18)?

적용을 위한 글

사울 왕은 선지자 사무엘에게 이스라엘 초대 왕으로서 기름 부음을 받을 때, 짐 보따리 사이에 숨을 정도로 겸손했던 사람이었다(삼상 10:21-22). 하지만 그는 마땅히 하나님의 말씀에 순종하며 영광을 돌려야 할 때, 자신의 명성과 업적에 집착하기 시작했다. 그 결과, 블레셋과의 전투에서 하나님의 뜻을 기다리지 않는 경솔함(삼상 13:8-9)과 원수 아말렉을 진멸하지 않는 불순종(8-9절)을 보였다. 심지어 하나님을 두려워하기보다는 백성들에게 인정받기 위해서 자신을 위한 기념비를 세우고(12절) 선지자 사무엘을 대동하여 형식적인 감사 예배를 드리는 교만한 모습(30-31절)을 보였다. 만약 사울 왕이 보인 불순종과 교만이 우리에게 존재한다면, 우리 역시 하나님께 버림받는 심판에서 자유로울 수 없을 것이다.

적용 및 결단을 위한 질문

❶ 여러분은 최근 하나님 앞에서 불순종하고 교만한 행동을 한 적이 있습니까?

❷ 그런 행동으로 패배의 쓴잔을 경험한 적이 있다면 회개하고 온전한 순종을 결심하십시오.

2. 불완전한 순종은 불순종이다

✤ **본문** 사사기 1:18-36

✤ **외울 말씀** 이스라엘이 강성한 후에야 가나안 족속에게 노역을 시켰고 다 쫓아내지 아니하였더라 (28절)

도입을 위한 글

하나님은 자신의 본성을 위배하는 행위는 하실 수 없는 분이시다. 하나님은 누구신가? 하나님은 생명의 근원이시다. 존재, 능력, 선함은 오로지 하나님께로부터 나온다. 우주를 통틀어 하나님이 행하시는 것을 제외하고는 아무것도 선한 것이 없다. 하나님은 태양, 달, 별, 꽃, 나무, 풀을 만드셨다. 그리고 그것들은 모두 하나님께 무조건 항복한다. 세상의 모든 만물은 그저 하나님이 기뻐하시는 뜻대로 역사하도록 스스로를 하나님께 내어드리지 않는가? 하나님이 백합을 아름다운 옷으로 입혀 주실 때, 백합은 완전 무방비 상태로 죽은 자같이 굴복하여 하나님이 예쁘게 치장해 주시도록 자신을 내맡기지 않는가? 그렇다면 하나님께서 구속하신 자녀인 여러분이 만일 반쪽만 혹은 어느 일부분만 내어드린다면, 하나님께서 어떻게 작정하신 대로 일을 해 나가실 수 있겠는가?

—앤드류 머레이, 『온전한 순종』

도입을 위한 질문

❶ 여러분은 자신의 모든 것을 내어드릴 수 있을 만큼 하나님을 신뢰합니까?

❷ 그렇다면 여러분은 하나님 말씀에 100% 순종할 자신이 있습니까?

본문 질문

❶ 하나님께서 이스라엘 백성에게 가나안 족속을 모두 쫓아내라고 명령하신 이유는 무엇입니까(출 23:31-33)?

❷ 유다 지파는 블레셋의 주요한 성읍들 가운데 어디를 점령했습니까(18절)?

❸ 유다 지파가 쫓아내지 못한 사람들은 누구입니까(19절)?

*골짜기의 주민들: 헷 족속으로부터 철기 문화를 전수받아 가나안에서 막강한 세력을 형성하고 있던 원주민 블레셋 족속을 가리킨다.

❹ 베냐민 지파가 쫓아내지 못한 족속은 누구입니까(21절)?

❺ 가나안 북부의 불완전한 정복 내용에 대해서 지파 별로 정리해 보십시오.

말씀	지파	내용
27-28절	므낫세	
29절	에브라임	
30절	스불론	
31-32절	아셀	
33절	납달리	
34절	단	

❻ 단 지파를 끊임없이 괴롭혔던 아모리 족속은 결국 어떻게 됐습니까(35절)?

❼ 땅을 점령한 이스라엘 각 지파들은 쫓아내지 못한 가나안 족속들을 어떻게 했습니까(28, 30, 33, 35절)?

❽ 가나안 족속을 쫓아내라는 하나님의 명령에 불순종한 이스라엘 백성들은 하나님께 어떤 심판을 받게 됐습니까(삿 2:2-3)?

더 깊은 연구와 묵상을 위하여

❶ 하나님의 말씀에 순종하지 않은 이스라엘 백성들은 사사 시대를 어떻게 살아갔습니까(삿 2:11-15)?

❷ 성경에서 순종의 열매는 어떻게 표현되고 있습니까(욥 36:11; 사 1:19)?

적용을 위한 글

이스라엘 백성들은 온전한 승리를 앞두고 타협했다. 승리의 모든 조건을 가진 채 패배의 쓴잔을 마신 것이다. 즉, 축복의 목전에서 저주를 받은 것이다. 우리가 만약 하나님께 적당히 순종한다면 끊임없이 인생의 불만족과 불신에 시달리게 될 것이다. 우리 인생을 100% 하나님께 드리는 것은 굉장히 어려운 일이라고 생각할 수 있지만, 마음으로 결정하는 문제이기 때문에 사실은 아주 쉽다. 하나님께서는 당신의 독생자 예수 그리스도를 아낌없이 보내 주셨다. 그러므로 우리는 이 사랑을 생각할 때마다 감사하지 않을 수 없다. 이 사랑이 너무 위대하고 감격스러워서 보잘것없는 내 인생을 100% 주님께 드리는 것, 그것이 온전한 순종이다.

–김경섭, 『사사열전』

적용 및 결단을 위한 질문

❶ 여러분이 생각하는 온전한 순종의 모습은 무엇입니까?

❷ 하나님의 말씀에 100% 순종하는 새로운 피조물이 되기 위해 지금 여러분이 순종해야 할 일은 무엇입니까?

3. 하나님의 계획대로 따르는 것이 순종이다

본문 역대상 22:2-16

외울 말씀 그가 내 이름을 위하여 성전을 건축할지라 그는 내 아들이 되고 나는 그의 아버지가 되어 그 나라 왕위를 이스라엘 위에 굳게 세워 영원까지 이르게 하리라 하셨나니 (10절)

도입을 위한 글

아랍인은 '예'라는 대답 대신에 '인샬라'라는 말을 사용한다. 인샬라는 '알라의 뜻이라면'이라는 의미다. 야고보서에 보면 하나님을 밀쳐내고 스스로 인생의 주인인 양 설쳐대는 사람이 등장한다. 그는 1년 동안 장사를 해서 얼마의 이익을 남기겠노라고 계획을 세운다. 장사를 해서 이익을 남기는 것이 나쁜 것은 아니다. 다만 계획을 세울 때 하나님을 전혀 고려하지 않는 오만함이 문제다. 성경은 미래가 자기 수중에 있는 것처럼 계획을 세우고, 무한히 자신을 신뢰하는 모습을 꾸짖는다. "너는 내일 일을 자랑하지 말라 하루 동안에 무슨 일이 일어날는지 네가 알 수 없음이니라"(잠 27:1). 우리의 모든 계획은 사실 '0'이다. 여기에 무엇을 곱해도 0이지만, 앞에 '1'자를 붙이면 달라진다. 0이 하나면 10, 0이 둘이면 100, 0이 셋이면 1,000이 된다. 그 '1'은 하나님의 뜻이다. 하나님의 뜻이 있으면 10, 100, 1,000이 될 수 있다. 이처럼 하나님의 사람은 하나님의 음성에 민감하게 반응하며 인생을 산다.

-김진홍

도입을 위한 질문

❶ 여러분은 인생의 계획을 세울 때마다 혼자서 고민합니까, 아니면 하나님께 기도합니까?

❷ 하나님의 계획대로 순종했을 때 어떤 은혜를 경험했습니까?

본문 질문

❶ 다윗이 하나님의 성전을 건축하기 위해 준비한 것들은 무엇입니까(2-4, 14-15절)?

❷ 다윗이 죽기 전까지 성전 건축 준비를 열심히 한 이유는 무엇입니까(5절)?

❸ 다윗이 하나님의 성전을 건축할 마음이 있었음에도 건축하지 못한 이유는 무엇입니까(7-8절)?

❹ 하나님께서 다윗의 아들 솔로몬에게 성전 건축을 허락하신 이유는 무엇입니까(9절)?

*온순한 사람: '평화의 사람'이라는 뜻으로 '솔로몬'(평화로운 이)을 의미한다.

❺ 다음 글을 읽고 어떻게 하나님의 계획을 대할지에 대해서 정리해 보십시오.

> 때로는 하나님을 위해 무언가 '하는 것'보다 '하지 않는 것'이 더 중요하다. 하나님은 세계와 인간 실존의 시작이요, 중심이요, 끝이시다. 그런데도 우리는 세계와 인간 실존 속에서 일하시는 하나님의 활동을 어렴풋하게만 인식할 때가 많다. 특히 아는 것이 많고 하는 일이 잘 풀리고 사람들이 치켜세워 줄 때는 마치 우리가 세계의 시작이요, 중심이요, 끝인 양 상상하기 쉽다. 이럴 때 우리에게는 선지자의 간섭이 필요하다. 우리는 하던 것을 그만두고 자리에 가만히 앉을 필요가 있다. 그렇게 앉을 때, 그간 일으켰던 먼지가 가라앉고, 일을 벌이느라 일으켰던 소음이 사라진다. 그때 우리는 비로소 하나님의 세계를 보게 된다. 그 세계는 우리의 열정보다 훨씬 더 뜨거운 열정에 의해 움직이고 있으며, 우리의 계획보다 훨씬 더 뚜렷하고 현명한 계획에 의해 움직이고 있다. —유진 피터슨, 『다윗: 현실에 뿌리박은 영성』

❻ 하나님은 솔로몬에게 어떤 약속을 하셨습니까(10절)?

❼ 다윗은 성전을 건축할 솔로몬에게 어떤 축복과 당부의 말을 했습니까(11-14절)?

축복의 말(11-12절)	
당부의 말(13-14절)	

❽ 솔로몬이 담대하게 성전 건축을 시작할 수 있는 이유는 무엇입니까(16절)?

더 깊은 연구와 묵상을 위하여

❶ 하나님의 성전을 지으려고 했던 다윗에게 하나님께서 약속하신 은혜는 무엇입니까(삼하 7:8-12)?

❷ 다윗처럼 하나님의 계획을 준비했던 성경의 인물들을 찾아보십시오(창 6:13-22; 수 6:1-21).

적용을 위한 글

다윗은 하나님의 마음에 맞는 사람이었으며(행 13:22), 하나님의 뜻을 이뤄 갈 수 있는 인물이었다. 어쩌면 성전 건축은 솔로몬보다 다윗에게 더 적합할지도 모른다. 하지만 다윗은 자신이 성전을 건축하는 것을 포기하고 하나님의 계획에 순종했다. 하나님의 계획은 언제나 한결같고, 그분의 뜻은 영원히 변하지 않을 것임을 확신했기 때문이다(시 33:11). 하나님은 다윗의 순종에 은혜로 반응하셨다. 먼저 그의 아들 솔로몬이 성전을 건축할 수 있도록 이스라엘에 평안과 안정을 약속하셨다(대상 22:9). 그리고 다윗의 왕위를 영원까지 이르게 하겠다고 약속하셨다(대상 22:10). 이 약속은 솔로몬의 성전 건축과 다윗의 혈통으로 이 땅에 오신 예수님을 통해 성취되었다. 이처럼 하나님은 순종하는 사람을 통해 당신의 구원 계획을 반드시 이루신다.

적용 및 결단을 위한 질문

❶ 하나님께서 여러분을 통해 이루시기 원하는 일은 무엇이라고 생각합니까?

❷ 그 일에 쓰임 받기 위해 지금 여러분이 순종해야 할 부분은 무엇입니까?

4. 기도는 하나님의 뜻에 순종하는 것이다

본문 마가복음 14:32-42

외울 말씀 이르시되 아빠 아버지여 아버지께는 모든 것이 가능하오니 이 잔을 내게서 옮기시옵소서 그러나 나의 원대로 마시옵고 아버지의 원대로 하옵소서 하시고 (36절)

도입을 위한 글

자녀들이 순종하지 않으면, 어떤 아버지라도 자녀를 훈련할 수 없다. 학생이 끊임없이 반항한다면, 교사는 제대로 가르칠 수 없다. 병사들이 명령에 일사불란하게 움직이지 않는다면, 장군은 전투에 나가 이길 수 없다. 믿음의 삶은 순종의 삶이다. 이 교훈을 여러분 마음에 새겨 주시도록 하나님께 기도하라. 그리스도께서 아버지 앞에서 순종하며 사셨듯이, 우리도 하나님 아버지께 순종해야 한다. 그런데 "순종하는 것이 불가능하기 때문에 나는 순종할 수 없다"라는 생각을 하는 경우가 많다. 물론 우리는 불가능하지만 하나님은 그렇지 않으시다. 하나님은 "너희로 내 율례를 행하게 하리니"(겔 36:27)라고 약속하셨다. 이 말씀을 가지고 기도하고 묵상하면, 성령님께서 하나님의 뜻을 행할 능력을 얻게 해 주실 것이다. 그리하여 여러분의 삶이 '고요하고 결연하고 조건을 달지 않는 순종의 삶'이 되도록 하라.

—앤드류 머리, 『앤드류 머리의 12가지 비밀』

도입을 위한 질문

❶ 여러분이 하나님 앞에서 가장 순종하기 힘든 부분은 무엇입니까?

❷ 여러분은 하나님의 뜻에 순종하기 위해 간절하게 기도해 본 적이 있습니까?

본문 질문

❶ 예수님은 제자들과 최후의 만찬을 마치시고 겟세마네에 가셔서 무엇을 하셨습니까(32절)?

*겟세마네: 감람산 서쪽 기슭의 동산을 의미한다.

❷ 하나님께 기도를 드리시는 예수님의 상황과 심정은 어떠셨습니까(34-35절)?

❸ 예수님이 하나님께 드린 간절한 기도 제목은 무엇입니까(36절)?

*잔: '포도주 잔, 컵'이라는 뜻이다. 성경에서 '잔'은 하나님께서 제시하신 인간의 운명을 가리킨다(사 51:17). 여기서는 예수님의 고난과 죽음(순교)을 상징한다(요 18:11).

❹ 예수님이 간절한 기도를 드리시는 순간에 제자들은 무엇을 했습니까(37절)?

*시몬: 제자로 부름받기 전 베드로의 본명이다. 베드로의 인간적 면모와 유약함이 함축돼 있다.

❺ 다음 글을 읽고 기도를 방해하는 유혹에 대해서 정리해 보십시오.

> 어느 날 존 번연(John Bunyan)이 기도에 힘쓰고 있는데, 유혹자가 "하나님의 자비도, 그리스도의 피도 너와 아무 상관이 없고, 절대로 너를 죄로부터 구원할 수 없기 때문에 기도하는 것은 헛된 일이다"라고 속삭였다. 그러나 그는 "나는 기도하겠다"라고 다짐했다. 유혹자는 계속해서 "그것은 소용없다"라고 했다. 이에 그는 "그래도 나는 기도할 것이다"라고 말하고 이렇게 기도했다. "주여, 사탄이 당신의 자비도, 그리스도의 보혈도 내 영혼을 구원하기에 충분치 못하다고 거짓말합니다. 주여, 저는 당신이 구원하실 수 있고, 또 구원하실 것이라고 믿음으로써 당신을 공경하기를 진실로 원합니다." 그가 이렇게 기도하자 그의 마음속에 "오 아들아, 네 믿음이 크도다!"라는 하나님의 말씀이 아로새겨졌다. —찰스 스펄전, 『스펄전 설교노트 1』

❻ 예수님은 잠든 제자들에게 어떤 충고를 하셨습니까(38절)?

❼ 예수님은 감당할 수 없는 사명과 제자들의 나약한 모습 앞에서도 끝까지 무엇을 하셨습니까(39절)?

❽ 세 번의 기도를 마치신 예수님이 제자들에게 선포하신 하나님의 뜻은 무엇입니까(41-42절)?

더 깊은 연구와 묵상을 위하여

❶ 예수님이 주기도문을 통해 알려 주신 기도의 참된 의미는 무엇입니까(마 6:10)?

❷ 예수님은 하나님 아버지의 뜻을 구하기 위해 언제 기도하셨습니까(막 1:35; 눅 6:12)?

적용을 위한 글

이스라엘의 구원을 기념하는 유월절에 예수님은 제자들과 함께 자신의 죽음과 부활을 의미하는 최후의 만찬을 하신다. 하지만 안타깝게도 그 자리에는 예수님을 팔기로 결심한 가룟 유다, 죽음의 공포 때문에 예수님을 3번 부인할 베드로, 두려워서 도망갈 다른 제자들이 있었다. 예수님은 이 모든 상황을 알고 계셨지만, 온 세상의 죄를 짊어지는 고통을 당하셨다. 예수님은 할 수만 있으면 '고난의 잔'을 거둬 달라고 기도하셨다. 이는 인성(人性)을 지니신 예수님이 자신의 심정을 표현하신 것이다. 그러나 예수님은 "나의 원대로 마시옵고 아버지의 원대로 하옵소서"(마 26:39)라고 기도하셨다. 결국 기도의 참된 의미는 하나님의 뜻을 구하고, 그 뜻에 순종하는 것이다(마 6:10).

적용 및 결단을 위한 질문

❶ 순종하기 어려운 문제 앞에서 여러분은 어떻게 기도합니까?

❷ 여러분은 자신의 연약함을 인정하고 시험에 들지 않기 위해 늘 깨어 기도하고 있습니까? 스스로를 돌아보고 깨어 기도할 수 있는 힘을 구하십시오.

5. 순종은 모두를 살리는 희생이다

✣ **본문** 에스더 4:4–17

✣ **외울 말씀** 당신은 가서 수산에 있는 유다인을 다 모으고 나를 위하여 금식하되 밤낮 삼 일을 먹지도 말고 마시지도 마소서 나도 나의 시녀와 더불어 이렇게 금식한 후에 규례를 어기고 왕에게 나아가리니 죽으면 죽으리이다 하니라 (16절)

도입을 위한 글

사랑은 즐거움보다는 힘듦과 더 밀접한 연관이 있다. 사랑을 실천하려면 어쩔 수 없이 무엇인가를 써야 한다. 그것은 보통 '시간, 정력, 돈'이다. 다른 사람이 잘 되기를 바란다면 당신을 희생해야 한다. 시간이나 정력이나 돈을 쓸 수도 있고, 계획이나 독립성이나 사적인 생활을 포기할 수도 있다. 누군가를 하나님처럼 사랑하기 위해서는 당신의 가장 소중한 것을 나눠 줘야 한다. 희생적인 사랑은 파악하기 어려운 개념이다. 우리의 문화는 그와 반대로 가고 있기 때문이다. 우리는 이런 외침을 끊임없이 듣고 있다. "당신이 가장 중요하다. 남에게 시간을 빼앗기지 말라. 정력을 아껴 뒀다가 여가를 즐기라. 재력을 비축해서 당신 자신을 위해 더 많이 쓰라." 하지만 우리 자신을 하나님께 드리고 희생적인 사랑으로 하나님의 백성을 섬긴다면, 세상이 결코 경험하지 못하는 성취감과 만족감을 누리게 될 것이다.

–빌 하이벨스, 『아무도 보는 이 없을 때 당신은 누구인가?』

도입을 위한 질문

❶ 최근에 다른 사람을 위해 여러분의 시간, 힘, 돈 등을 사용해 본 적이 있습니까?

❷ 하나님께서 여러분에게 주신 희생적인 사랑은 무엇입니까? 그 사랑을 여러분의 삶에서 경험하고 있습니까?

본문 질문

❶ 왕후 에스더는 삼촌 모르드개가 성 중에서 금식하며 운다는 소식을 듣고 어떻게 반응했습니까(4절)?

❷ 에스더가 내시 하닥으로부터 전해 들은 모르드개와 유다인의 상황은 무엇입니까(7절)?

❸ 모르드개는 에스더에게 무엇을 요구했습니까(8절)?

*초본: '조서의 사본'이라는 뜻으로, 아하수에로 왕이 내린 조서 원본을 그대로 베껴 기록한 문서를 가리킨다.

❹ 에스더가 모르드개의 요구를 쉽게 받아들이지 못한 이유는 무엇입니까(11절)?

*금 규: '규'는 '가지치다'라는 뜻을 지닌 말로서, '왕의 권위를 나타내는 지팡이, 막대기'를 의미한다. 여기에서 "금 규"란 '금으로 된 왕의 권세 지팡이'다.

❺ 다음 글을 읽고 목숨을 건 순종이 어떤 변화를 일으키는지에 대해서 정리해 보십시오.

> 1559년 5월 2일, 존 낙스(John Knox)는 생명의 위협을 무릅쓰고 스코틀랜드로 돌아왔다. 귀국하자마자 왕의 포고에 의해 불법자 신분으로 낙인찍혀 언제 죽을지 모르는 상황에서 그는 "하나님! 저에게 스코틀랜드를 주시든지 아니면 죽음을 주십시오"라고 부르짖어 기도했다. 그리고 망명 중에 습득한 종교개혁 이상을 스코틀랜드에 적용해 나갔다. 존 낙스는 불의와 타협하지 않는 불굴의 신앙과 "죽고자 하는 자는 산다"라는 진리를 붙들고 루터와 칼빈이 이룩하지 못한 '피 없는 혁명'을 완성할 수 있었다. 1560년, 스코틀랜드 종교개혁은 승리했다. 메리 여왕은 1561년, 스코틀랜드를 개신교 국가로 선포했다. 존 낙스 한 사람의 용기와 기도가 스코틀랜드 개혁과 부흥의 불을 지피고, 마침내 스코틀랜드를 개신교화한 것이다.
>
> —박용규, 『부흥의 현장을 가다』

❻ 모르드개는 유다인을 위해 왕께 간청하는 것을 고민하는 에스더에게 어떤 충고를 했습니까(13-14절)?

*다른 데로 말미암아(14절): '다른 장소로부터'라는 뜻이다. 즉, '하나님께서 마련하신 다른 방법을 통해서'라는 의미다. 당시 모르드개는 하나님의 구원에 대한 확신을 갖고 이처럼 말했을 것이다.

❼ 에스더는 규례를 어기며 왕에게 나아가기 전, 모르드개와 유다인들에게 무엇을 부탁했습니까(16절)?

❽ 에스더는 어떤 마음으로 왕 앞에 나아갔습니까(16절)?

더 깊은 연구와 묵상을 위하여

❶ 자기 민족의 구원을 위해 희생을 감수한 에스더의 순종으로 유다인들은 어떻게 됐습니까(에 9:24-25)?

❷ 인류를 죄에서 구원하기 위해 죽기까지 순종하신 분은 누구입니까(빌 2:8)?

적용을 위한 글

성경을 보면 하나님께서 세우신 한 지도자를 통해 민족의 위기를 극복하는 경우를 많이 발견할 수 있다. 하나님은 모세를 세우셔서 애굽에서 약 430년 동안 노예 생활을 했던 이스라엘 민족을 해방시키시고, 여호수아를 세우셔서 가나안 민족들과 싸워 승리하고 가나안 땅에 정착할 수 있게 하셨다. 페르시아 제국이 지배했던 때도 '히든카드' 에스더와 모르드개를 세우셔서 민족 멸망이라는 위기를 민족 부활과 승리의 기쁨으로 바꿔 주셨다. 이 놀라운 은혜는 에스더가 당시 규례를 어기며 '죽으면 죽으리이다'라는 마음으로 왕 앞에 나아간 순간부터 시작됐다. 이 희생적인 순종은 예수님의 십자가 사건을 통해 완성됐고, 그 순종으로 인해 우리는 하나님의 자녀로서 죄와 사망에서 자유를 누리게 됐다. 이제 우리도 주님 다시 오실 때까지 희생적인 순종으로 하나님과 이웃을 기쁘게 하는 삶을 살아야 할 것이다.

적용 및 결단을 위한 질문

❶ 하나님의 '히든카드'로 쓰임 받기 위해서 여러분은 무엇에 순종해야 합니까?

❷ 여러분의 희생적인 순종으로 여러분이 속한 공동체나 지체가 회복되는 경험이 있었습니까?

6. 순종은 믿음이다

✣ **본문** 창세기 12:1-9

✣ **외울 말씀** 내가 너로 큰 민족을 이루고 네게 복을 주어 네 이름을 창대하게 하리니 너는 복이 될지라 (2절)

도입을 위한 글

'믿음'과 '순종'은 동전의 앞뒷면과 같다. 즉, 믿음과 순종은 둘이 아니고 하나이며, 표현은 둘이나 실제는 불가분리(不可分離)인 것이다. 멕시코의 쿠이케텍 인디언과 체르탈 인디언은 '믿는다'라는 말과 '순종한다'라는 말을 구분하지 않는다. 그들은 두 단어가 반드시 하나가 돼야 한다고 생각한다. 또한 "믿으면 순종하게 되지 않습니까? 순종한다는 것은 믿음을 나타내는 것이 아닙니까?"라고 말한다. 그들의 생각이 옳다. 비록 그들이 미개한 민족이라 하더라도 문명인들보다 진리에 더 접근해 있다. 다시 말해, 그들은 문명인들처럼 하나님께 불순종하면서도 자신이 하나님을 믿고 있다는 착각은 하지 않는다. 지금 우리는 하나님께 순종하지 않으면서도 하나님을 믿는다고 하는 외식자로 살고 있지는 않은가? 믿음은 언제나 순종으로 나타난다. 믿음이 있으면 자연히 순종하게 되고 순종하는 자에게는 모든 복이 임한다 (신 28:2).

—박재호, 「새소망 칼럼」

도입을 위한 질문

❶ 여러분의 믿음은 반드시 순종이 따르는 살아 있는 믿음입니까?

❷ 순종하는 믿음으로 살아갈 때 하나님께서 주신 복이 있다면 함께 나눠 보십시오.

본문 질문

❶ 하나님께서 아브라함에게 하신 명령은 무엇입니까(1절)?

❷ 그 명령대로 순종할 때 주시는 하나님의 복은 무엇입니까(2-3절)?

*복: '무릎을 꿇다, 기원하다'라는 뜻이다. 하나님의 은혜로 인간이 누리는 '복, 은택, 선물'을 말한다.

❸ 아브라함은 하나님의 명령에 어떻게 반응했습니까? 당시 그의 나이는 몇 세였습니까(4-5절)?

❹ 아브라함이 가나안 땅에 들어가 처음 머물렀던 곳은 어디입니까(6절)?

*세겜: '어깨, 짐 지는 신체부위'라는 뜻이다. 예루살렘 북쪽 62km 지점의 그리심 산과 에발 산 골짜기 사이에 위치하고 있다.

❺ 다음 글을 읽고 순종하는 믿음에 대해서 정리해 보십시오.

> 전능하시고 위대하신 하나님을 가슴에 품고 그분의 뜻에 내 생애를 드리는 데는 큰 희생이 따를 수도 있다. 친척을 떠나야 하고, 아침저녁으로 거닐던 아름다운 산책로를 더는 걸을 수 없고, 고통스러울 때 위로가 됐던 정겨운 친구들도 만날 수 없다. 그러나 주님께서 어려운 결단만을 요청하시는 것은 아니다. 축복의 약속도 함께 주셨다. "내가 너로 큰 민족을 이루고 네게 복을 주어 네 이름을 창대하게 하리니 너는 복이 될지라"(창 12:2). '순종'을 말할 때 우리는 희생해야 한다고 생각하고 아픔과 손해만 열심히 계산하지만, 사실 순종은 그런 것이 아니다. 하나님께서는 우리를 괴롭게 하려고 순종을 요구하시는 것이 아니라, 위대한 생애를 살게 하려는 뜻으로 우리에게 순종을 요구하신다.
>
> –김경섭, 『믿음의 영웅들』

❻ 하나님께서는 세겜 땅에 있는 아브라함에게 나타나 무엇을 약속하셨습니까(7절上)?

❼ 하나님께서 주신 약속을 듣고 아브라함은 어떻게 반응했습니까(7절下)?

*제단: 제단을 쌓는 것은 족장 시대에 있던 공통적인 특징이다. 왜냐하면 이스라엘 백성이 애굽에서 빠져나오기 전에는 중앙 성소가 없었기 때문이다. 이들은 이곳에서 제사를 드리며 하나님을 만났다.

❽ 벧엘 동쪽 산으로 옮겨 제단을 쌓은 아브라함은 그곳에서 누구의 이름을 불렀습니까(8절)?

더 깊은 연구와 묵상을 위하여

❶ 히브리서에는 아브라함이 무엇을 기대하며 하나님께서 말씀하신 가나안 땅으로 갔다고 기록돼 있습니까(히 11:10)?

❷ 하나님은 아브라함을 통해 큰 민족을 이룰 수 있도록 어떤 은혜를 베풀어 주셨습니까(창 17:19)?

적용을 위한 글

성경은 믿음의 조상, 믿음의 원조가 아브라함이라고 기록한다. 아브라함의 믿음은 대가를 치르고 하나님의 명령에 순종했던 믿음이요, 희생을 감수하고 하나님의 영원한 도성을 소망하며 비웠던 믿음이다. 순종하는 믿음이란, 내 인생의 주인이신 전능하신 하나님께서 내 생애의 중심을 향해서 말씀하시는 음성에 나의 전부를 드려서 순응하는 것이다. 세상이 뭐라고 하든지 하나님께서 말씀하시는 음성에만 귀 기울이고 전적으로 순종하는 것이다. 아브라함은 하나님께 온전히 순종하는 위대한 믿음을 가졌기에 믿음의 전당에 오르는 영웅이 됐다. —김경섭, 『믿음의 영웅들』

적용 및 결단을 위한 질문

❶ 여러분의 결정과 뜻을 내려놓기 힘들었던 경험이 있습니까? 구체적으로 어떤 일이었습니까?

❷ 하나님 나라의 은혜를 영원히 누리기 위해 온전히 순종했던 아브라함처럼, 여러분이 오늘 떠나야 할 것은 무엇입니까?

7. 은혜의 열쇠는 곧 순종이다

본문 출애굽기 4:18-31

외울 말씀 모세가 그의 아내와 아들들을 나귀에 태우고 애굽으로 돌아가는데 모세가 하나님의 지팡이를 손에 잡았더라 (20절)

도입을 위한 글

출애굽기 3:1-4:17에서 모세는 5가지 이유를 대며 하나님의 명령에 불순종했다. 첫째, 자신은 무능하다고 했다. 둘째, 자신도 하나님이 누구인지 정확하게 잘 모르기 때문에 백성을 설득할 힘이 없다고 했다. 셋째, 백성이 자신을 믿어 주지 않을 것이라고 했다. 넷째, 혀가 짧아 말주변이 없기 때문에 못한다고 했다. 다섯째, "주님, 보낼 만한 자를 보내소서"라며 자신은 적합하지 않다고 했다. 하지만 이제 모세는 하나님의 명령에 순종하겠다고 말한다. 고든 맥도널드(Gordon McDonald)는 "순종은 모든 문을 여는 열쇠"라고 했다. 또한 영국의 사상가 존 스튜어트 밀(John Stuart Mill)은 "인간이 할 수 있는 모든 선은 순종 속에 포함돼 있다"라고 했다. 하나님께서 말씀하실 때 순종하라. 그때 하나님께서 놀라운 축복을 우리에게 내려 주신다.

—김경섭, 『모세 지도력의 비밀』

도입을 위한 질문

❶ 여러분은 모세처럼 여러 가지 핑계를 대면서 하나님 말씀에 불순종하고 있지는 않습니까? 그때 주로 했던 변명은 무엇입니까?

❷ 여러분은 주변에서 하나님 말씀에 무조건 순종하는 사람을 본 적이 있습니까? 그의 특징은 무엇입니까?

본문 질문

❶ 모세가 장인 이드로에게 형제들의 생존을 확인하기 위해 애굽으로 돌아간다고 했을 때, 이드로는 어떻게 반응했습니까(18절)?

*이드로: 시내반도 동편 아가바만 서안에 거주하는 미디안의 제사장으로서 모세의 장인이다.
*평안히: '온전하다, 회복하다, 완성하다'라는 뜻으로 평화와 안전한 상태 또는 그것을 기원하는 말이다.

❷ 하나님께서는 애굽으로 향하는 모세를 어떻게 안심시켜 주셨습니까(19절)?

❸ 가족과 함께 애굽으로 갈 때 모세의 손에는 무엇이 들려 있었습니까(20절)?

❹ 하나님은 애굽 왕 바로의 마음을 어떻게 하신다고 말씀하셨습니까(21절)?

*완악하게: '견고하다, 강하다, 극렬하다'라는 뜻으로 마치 돌처럼 굳은 마음을 비유할 때 쓰인다.

❺ 다음 글을 읽고 순종과 불순종의 차이점에 대해서 정리해 보십시오.

사람이 겪는 어려움과 고난의 원인이 반드시 불순종 때문은 아니다. 순종하고 살면서 고난을 당하는 사람도 있다. 예수님, 요셉, 한나, 다니엘, 예레미야, 욥 등 순종하면서도 고생한 사람들은 얼마든지 많다. 다윗 역시 사울의 진노를 살 만큼 거역하거나 잘못한 일이 없었다. 그런데도 그는 쫓겨 다니며 동굴, 사막, 광야 등에서 살았다. 집도 고국도 잃은 채 오랜 시간 갖은 고생을 하며 유랑했다. 그러나 하나님의 손은 새로운 왕을 빚고 계셨고, 하나님의 은혜가 그 삶에 머물러 있었다. 순종한 사람과 불순종한 사람이 당하는 고난의 차이는 무엇일까? 순종하는 사람은 영적으로 성장하지만, 불순종한 사람은 그렇지 않다. 가인은 불순종함으로 고난을 당했지만, 끝내 회개하지 않았다. 그 결과 저주를 받고 평생 도망 다니며 유랑자로 살아야 했다. 목적도 희망도 없는 가인의 방황은 오는 세대를 위한 본보기이자 경고다.

―존 비비어, 『순종』

❻ 모세가 전한 하나님의 말씀을 듣지 않은 바로는 어떤 저주를 받습니까(22-23절)?

❼ 하나님은 모세를 돕기 위해 누구를 광야로 보내셨습니까(27절)?

❽ 모세와 아론이 이스라엘 백성 앞에서 하나님 말씀을 전하고 이적을 행하자, 이스라엘 백성은 어떻게 반응했습니까(28-31절)?

더 깊은 연구와 묵상을 위하여

❶ 하나님께서 바로의 마음을 완악하게 하셨지만, 성경은 불순종의 책임이 누구에게 있다고 말합니까(출 8:15, 32, 9:34; 롬 9:17-18)?

❷ 하나님은 이스라엘 백성의 출애굽을 언제부터 계획하고 계셨습니까(창 15:12-14)?

적용을 위한 글

이스라엘 백성을 출애굽 시키라는 하나님의 명령에 순종했던 모세에게 하나님은 3가지 은혜를 주셨다. 먼저 모세가 장인 이드로에게 축복을 받으며 애굽으로 갈 수 있게 하셨고, 모세를 죽이려고 했던 원수들을 사라지게 하셨다. 두 번째로 하나님께서는 순종하는 모세의 손에 기적의 지팡이를 주셨다. 마지막으로 모세의 입이 되어 줄 형 아론을 동역자로 붙여 주셨다. 이렇게 하나님께서는 당신에게 순종하는 자에게 형통의 은혜, 기적의 은혜, 만남의 은혜를 반드시 허락하신다. 그러므로 전능하신 하나님께서 말씀하실 때 자신의 생각과 의견을 내려놓고 순종하는 것이 하나님의 자녀가 보일 수 있는 가장 아름다운 미덕이다.

적용 및 결단을 위한 질문

❶ 하나님의 말씀대로 순종하는 여러분에게 가장 필요한 은혜는 무엇입니까?

❷ 하나님의 뜻에 불순종하고 있는 부분을 점검하고 회개기도 하는 시간을 가지십시오.

8. 순종은 인내다

✤ **본문** 여호수아 6:1-21

✤ **외울 말씀** 일곱 번째에 제사장들이 나팔을 불 때에 여호수아가 백성에게 이르되 외치라 여호와께서 너희에게 이 성을 주셨느니라 (16절)

도입을 위한 글

옛날 중국의 순 임금이 신하들을 다 불러 모았다. 그리고 신하들에게 중간에 구멍이 난 큰 항아리 하나를 주면서 "이것을 왕궁 뒤뜰에 있는 우물곁으로 갖고 가서 우물물을 두레박으로 길어 항아리를 가득 채워라"고 명령했다. 이에 꾀 많은 신하들은 이런저런 핑계를 대면서 그 자리를 떠났고, 우직하고 신실한 한 신하만이 그곳에 남았다. 물론 그도 구멍 뚫린 항아리에 물로 가득 채울 수 없다는 사실을 알고 있었다. 하지만 "임금님이 말씀하셨는데 어찌 이행하지 않을 수 있나" 하면서 땀을 뻘뻘 흘리며 물을 길어다 항아리에 부었다. 그러나 구멍 뚫린 항아리에 물이 채워질 리 없었다. 그렇게 온종일 두레박으로 물을 퍼서 항아리에 담자, 마침내 우물물이 바닥을 드러냈다. 그런데 물을 퍼 올리던 신하의 눈에 큰 황금 덩어리 하나가 보였다. 깜짝 놀란 신하는 그 황금 덩어리를 꺼내 임금에게 갖다 바쳤다. 그러자 순 임금은 그것을 보고서 껄껄 웃으며 이렇게 말했다. "그것은 임금의 말에 순종하는 충신에게 주기 위해서 하늘이 내린 상급이니 그대가 갖도록 하게."

–김필곤, 「섬기는 언어」

도입을 위한 질문

❶ 여러분은 불합리해 보이는 명령에도 끝까지 순종할 수 있습니까?

❷ 하나님의 명령에 끝까지 순종하기 위해 지금 여러분에게 필요한 것은 무엇이라고 생각합니까?

본문 질문

❶ 이스라엘 민족이 온다는 소식에 여리고 성은 어떻게 대응합니까(1절)?

❷ 하나님께서 여호수아에게 내리신 약속과 명령은 무엇입니까(2–3절)?

❸ 하나님께서는 일곱째 날에 여리고 성을 어떻게 돌라고 명령하셨습니까(4–5절)?

*일곱은… 일곱 번(4절): 성경에서 '7'은 완전하고 거룩한 수다. 이 수가 반복된 것은 이번 전쟁의 열쇠가 하나님께 있음을 인식시키고 그 뜻에 온전히 순종해야 함을 보이기 위해서다.

❹ 이스라엘 백성이 여리고 성을 돌 때, 그 중심에는 무엇이 있었습니까(6-7절)?

❺ 다음 글을 읽고 인내의 중요성에 대해서 정리해 보십시오.

중국에 '모소'라는 대나무가 있다. 이 나무는 비옥한 땅에 심어도 5년 동안은 거의 성장하지 않는다. 그러다가 5년이 지나면 급성장하는데, 하루에 5cm씩 자라서 6주 만에 무려 3m나 자라난다. 모소의 놀라운 성장은 깊은 뿌리가 있기에 가능하다. 모소는 5년 동안 오로지 뿌리를 내리는 작업만 한다. 그리고 그 후에야 하늘을 향해 치솟는 것이다. 이스라엘 백성은 40년간 광야에서 생활해야 했다. 그곳에서 그들이 마음대로 할 수 있는 일은 하나도 없었다. 그들의 여정은 전적으로 하나님께 달려 있었다. 좀 더 쉬고 싶어도 구름기둥이 떠오르면 가야 했고, 좀 더 가고 싶어도 구름기둥이 머무르면 멈춰야 했다. 이스라엘이 가나안 정복에 강력한 힘을 발휘할 수 있었던 이유는 이런 40년간의 인내가 축적됐기 때문이다. 오늘날 우리도 더 깊은 믿음의 뿌리를 내리고 믿음의 인내를 배워야 한다. 비록 사람의 생각으로는 희망이 없어 보이는 일이라도 분명히 하나님의 계획이 숨어 있음을 기억해야 한다.

—유용원, 『세상이 아닌 하나님을 의식하라』

❻ 여리고 성이 무너지고 점령당할 때 살아남은 사람은 누구입니까(17절)?

❼ 여호수아는 이스라엘 백성이 여리고 성을 점령할 때 어떻게 행동하라고 알려 줍니까(18–19절)?

*구별될 것(19절): 원래는 '거룩하게 하다, 신성한 것으로 분리해 놓다'라는 뜻이다. 하나님의 소유로 거룩히 바쳐진 것을 말한다.

❽ 7일 동안 하나님의 말씀에 온전히 순종하자, 여리고 성의 결과는 어떻게 됐습니까(20절)?

더 깊은 연구와 묵상을 위하여

❶ 이스라엘 정탐꾼을 숨겨 준 라합은 하나님을 어떤 분으로 믿었습니까(수 2:10–11)?

❷ 여호와의 언약궤는 무엇을 상징합니까(출 25:22)?

적용을 위한 글

이스라엘 백성이 가나안 땅에서 맨 처음 공격하여 무너뜨린 도시는 여리고 성이었다. 좀 더 정확하게 표현하면 하나님께서 여리고 성을 이스라엘 백성에게 넘겨주셨다. 하나님은 이스라엘 백성의 군대 대장으로서(수 5:14) 그들이 여리고 성을 정복하러 갈 때 결코 홀로 가게 하지 않으셨다. 제사장에게 하나님의 임재를 상징하는 언약궤를 메게 함으로써 하나님께서 현장에 함께하심을 이스라엘 백성에게 보여 주셨다. 하나님이 함께하시고 싸우신다는 믿음이 있었기에 이스라엘 백성은 7일 동안 여리고 성을 돌라는 하나님의 명령을 인내하며 순종할 수 있었다.

적용 및 결단을 위한 질문

❶ 침묵하며 여리고 성을 7일 동안 도는 것처럼, 여러분도 인내가 필요한 순종을 했던 경험이 있습니까?

❷ 하나님께서 여러분과 함께하시고 인도하신다는 믿음으로 순종할 때, 여러분의 삶에 어떤 변화가 있었는지 나눠 보십시오.

9. 순종은 겸손이다

✤ **본문** 빌립보서 2:1-11

✤ **외울 말씀** 사람의 모양으로 나타나사 자기를 낮추시고 죽기까지 복종하셨으니 곧 십자가에 죽으심이라 (8절)

도입을 위한 글

우리는 자신의 이미지를 포기하지 않을 때 위선에 빠진다. 거룩해 보이고 싶어 죄를 숨기고, 사랑 많은 사람으로 보이고 싶어 연신 미소를 짓는다. 그리고 우리의 행동은 '그렇게 보이고 싶지 않은' 모습에 의해 좌우된다. 인색해 보이고 싶지 않아서 헌금함에 큰돈을 넣고, 자신에게만 시간을 쓰는 이기적인 사람으로 보이고 싶지 않아서 모든 교회 모임에 참석한다. 경건해 보이기 위한 과정에서 '겸손한 교만'에 빠진 자신을 발견한다. 그러나 우리가 하나님의 은혜를 진정 갈망한다면 '참된 겸손'이 필요하다. 우리의 것을 포기하고 하나님의 일하심을 체험하자. 우리의 약점을 포기하고 그분의 능력을 붙들며 이렇게 부르짖자. "하나님! 말할 수 없는 부유함을 얻고자 호주머니를 비웠습니다. 황금 제단에 우리의 모든 시계를 놓았습니다. 우리가 갈망하는 이미지에 연연하지 않겠습니다. 교만과 허식을 벗어 버리겠습니다. 하나님을 신뢰하고 권리를 포기하며 주님께로 뛰어들겠습니다."

–캘빈 밀러, 『포기하는 삶의 즐거움』

도입을 위한 질문

❶ '참된 겸손'을 위해 여러분이 버려야 할 '겸손한 교만'은 무엇입니까?

❷ 참된 겸손을 위해 여러분이 회복해야 할 하나님의 은혜는 무엇입니까?

본문 질문

❶ 바울은 빌립보 교회가 그리스도 안에서 어떤 은혜를 누릴 수 있다고 말합니까 (1절)?

*권면: 헬라어로는 '파라칼레오'로 '파라'(곁으로)와 '칼레오'(위로, 격려)라는 말의 합성어다. 이는 성령의 별명인 '보혜사'(파라클레토스)와 같은 어원이다.

❷ 바울뿐만 아니라 예수님을 기쁘시게 하는 복음에 합당한 생활은 무엇입니까 (2-4절)?

❸ 복음에 합당한 삶을 위해 우리가 품어야 할 마음은 무엇입니까(5절)?

❹ 예수님은 이 땅에 오시기 전에 어떤 존재셨습니까(6절)?

*본체: '형태, 모양, 본성, 본질'이라는 뜻이다. 이는 예수님이 단순히 하나님의 속성을 가진 정도가 아니라 하나님이심을 가리킨다.

❺ 다음 글을 읽고 순종과 겸손의 관계에 대해서 정리해 보십시오.

남아프리카공화국에서 있었던 이야기다. 당시는 소수의 백인이 다수의 흑인을 지배하는 나라였다. 어느 날, 요하네스버그 시내에 있는 흑인 교회에서 세족식이 거행되고 있었다. 그런데 갑자기 한 백인 남자가 나타나 흑인 여인 앞에 무릎을 꿇고 그 발을 씻겨 주었다. 그곳에 있던 모든 사람이 크게 놀랐다. 왜냐하면 그 백인 남자는 모두의 존경을 받는 올리버(Oliver) 판사였기 때문이다. 더구나 그 여인은 올리버의 집에서 20여 년간 집안일을 돌보던 사람이었다. 여인이 사양하자 올리버는 이렇게 말했다. "주님 안에서 흑인과 백인, 주인과 종의 차이가 어디 있습니까? 예수님이 십자가에서 죽으시기까지 우리를 사랑하지 않으셨습니까?" 그 일로 올리버는 판사직에서 면직됐지만, 그는 교회 성도들뿐만 아니라 남아프리카공화국 전 국민의 존경과 사랑을 받게 됐다.

–김광일

❻ 예수님은 사람들과 같이 되기 위해 어떤 자리까지 내려오셨습니까(7절)?

❼ 예수님은 하나님 말씀에 어떻게 순종하셨습니까(8절)?

❽ 하나님께서는 겸손과 순종의 본이신 예수 그리스도에게 어떤 은혜를 주셨습니까(9-11절)?

*시인하여(11절): '밖으로'와 '동의하다'의 합성어로, 밖으로 드러내어 대중 앞에서 자기 신앙을 고백한다는 뜻이다.

더 깊은 연구와 묵상을 위하여

❶ 이 땅에 종으로 오신 예수님은 제자들에게 어떻게 살도록 가르치셨습니까(마 20:28)?

❷ 예수님께서 십자가에 죽으신 이유는 무엇입니까(요일 4:10)?

적용을 위한 글

바울은 빌립보 성도들에게 예수님은 우리의 구원자이실 뿐만 아니라, 우리가 어떻게 살아가야 할 것인가를 가르쳐 주는 교사요, 실제로 본을 보여 주는 삶의 모델이라는 사실을 강조한다. 예수님은 하나님이셨지만 종의 모습까지 철저하게 낮아져 이 땅의 죄인을 만나셨다. 그리고 십자가에서 죽기까지 하나님 말씀에 순종하여 죄인을 구원하셨다. 하나님의 은혜와 사랑으로 하나님의 자녀가 된 우리는 예수님의 겸손과 절대적인 순종을 삶으로 나타내야 한다. 이 겸손과 순종이야말로 빌립보 교회뿐만 아니라 교회 공동체 안에서 일어나는 불화와 갈등을 해결하고, 교회를 그리스도의 복음 안에서 하나 되게 만드는 유일한 방법이다.

적용 및 결단을 위한 질문

❶ 여러분은 하나 되는 교회를 위해 얼마나 자신을 낮추고 하나님과 이웃을 높이고 있습니까?

❷ 하나님과 이웃을 위해 여러분이 끝까지 져야 할 십자가는 무엇입니까?

10. 순종은 충성이다

✢ **본문** 마태복음 25:14-30

✢ **외울 말씀** 그 주인이 이르되 잘하였도다 착하고 충성된 종아 네가 적은 일에 충성하였으매 내가 많은 것을 네게 맡기리니 네 주인의 즐거움에 참여할지어다 하고 (21절)

도입을 위한 글

평북 정주에 있던 명문 오산학교에는 재미있는 이야기가 전해져 오고 있다. 당시 그 동네에는 아주 똑똑한 청년이 살고 있었는데, 그는 집안이 가난해서 다른 집 머슴살이를 하고 있었다. 하지만 그는 자신의 처지를 부끄러워하지 않았다. 오히려 매일같이 주인의 요강을 닦는 등 힘든 일을 도맡아 열심히 일했다. 이런 그의 모습을 보며 주인은 그가 머슴살이하기에는 아까운 인재라고 생각했다. 그래서 학자금을 지원해 주며 평양에 있는 숭실학교에 보내 공부를 시켰다. 마침내 그 청년은 숭실학교를 우수한 성적으로 졸업하고 고향으로 내려와 오산학교 선생님이 됐다. 이 청년이 바로 민족주의자요, 독립운동가로 유명한 조만식 선생이다. 그는 항상 제자들이 인생의 성공 비결을 물을 때마다 "여러분이 사회에 나가거든 요강을 닦는 사람이 되십시오"라고 일러 주었다고 한다. 성경은 우리에게 인생의 성공 비결은 "작은 일에 충성하는 데 있다"라고 말한다. -김의환

도입을 위한 질문

❶ 여러분은 너무 작은 일이라고 생각해서 최선을 다하지 않았던 경험이 있습니까?

❷ 하나님께서 지금 여러분에게 맡기신 작은 일은 무엇입니까?

본문 질문

❶ 주인은 타국으로 가면서 그의 종들에게 무엇을 맡겼습니까(14절)?

❷ 주인은 어떤 기준으로 종들에게 달란트를 각각 다르게 주었습니까(15절)?

*재능: '힘, 역량'이란 뜻이다. 이는 지적, 의지적, 사회적, 경제적 능력을 모두 함축한다.

❸ 다섯 달란트와 두 달란트를 받은 종은 달란트를 각각 어떻게 사용했습니까(16–17절)?

❹ 한 달란트를 받은 종은 달란트를 어떻게 사용했습니까(18, 24–25절)?

❺ 다음 글을 읽고 성경이 말하는 충성에 대해서 정리해 보십시오.

구약에서 '충성'은 '믿을 만하다, 확실하다'라는 뜻을 지닌 '아만'에서 파생된 말로서 '진실 무망하다, 성실하다, 정직하다'라는 뜻이다(느 7:2). 특히 '자기 말에 끝까지 책임질 줄 아는 신실한 사람'을 일컫는다(잠 13:17, 20:6). 신약에서 '충성'은 '신실함, 성실함, 맡겨진 의무에 충실함'(고전 4:2)이라는 뜻이다. 즉, 참마음에서 우러나오는 정성을 의미한다. 또한 국가 등의 조직이나 주인이나 왕 등의 한 개인을 향한 변함없고 지극한 마음(롬 13:1–2)을 의미한다. 특히 성경은 하나님께 대한 신실함(성실성)과 정직함을 충성이라고 말한다(마 10:17–25; 행 4:19, 29, 5:29). 하나님은 당신의 종 모세를 가리켜 '내 온 집에 충성하는 자'(민 12:7)라고 말씀하셨다. 충성은 하나님의 일을 맡은 자의 기본적인 도리로서(고전 4:2; 히 2:17), 우리는 아주 사소한 일에도 충성을 다해야 한다(눅 16:10). 이렇게 충성한 자는 주인의 즐거움에 참여할 뿐만 아니라(마 25:23), 많은 상급(창 15:1; 시 19:9–11)과 생명의 면류관을 받게 된다(계 2:10).

–가스펠 서브, 『라이프성경사전』, '충성' 중

❻ 오랜 후에 돌아온 주인은 종들과 무엇을 했습니까(19절)?

*결산: 원래는 '권위 있는 말씀, 생명의 말씀'을 뜻하나 '계산, 청산'이란 의미도 있다.

❼ 달란트를 받은 종들은 주인에게 각각 어떤 말을 들었습니까(21, 23, 26-28절)?

❽ 충성된 종과 게으른 종은 각각 어떤 결과를 맞게 됐습니까(29-30절)?

더 깊은 연구와 묵상을 위하여

❶ 하나님께서 우리에게 주신 은사는 무엇이며, 우리는 그것을 어떻게 사용해야 합니까(롬 12:6-8)?

❷ 하나님께 충성한 믿음의 영웅들은 누가 있는지 확인해 보십시오(창 7:1-5; 민 12:7; 고전 9:16; 빌 2:8).

적용을 위한 글

예수님은 제자들에게 천국 비유로 주인에게 달란트를 받은 종들의 이야기를 하셨다. 각자의 재능대로 달란트를 받은 종들은 두 부류로 나뉘었다. 먼저, 주인이 다시 올 때까지 달란트를 지혜롭게 사용한 충성된 종들이 있었다. 반대로 달란트를 사용하지 않고 땅에 묻어 둔 게으른 종도 있었다. 그리스도인은 어떤 종의 모습으로 하나님께서 주신 달란트(사명)를 감당해야 할까? 우리는 한 달란트 받은 종처럼 예수님을 굳고 악독한 주인으로 오해해서는 안 된다. 다섯 달란트와 두 달란트 받은 종들처럼 예수님이 맡기신 모든 것을 신실하게 관리해야 한다. 결국 참된 그리스도인이란, 우리의 주인이신 예수님이 주신 달란트를 맡아 성실하게 관리하는 충성스러운 종이다. 예수님은 충성스러운 그리스도인에게 반드시 더 큰일을 섬길 기회를 주신다.

적용 및 결단을 위한 질문

❶ 하나님께서 여러분에게 주신 달란트는 무엇이라고 생각합니까?

❷ 여러분이 갖고 있는 달란트를 하나님 나라의 확장을 위해 어떻게 사용할지 생각해 보십시오.

11. 순종은 헌신이다

✣ **본문** 사도행전 20:17–35

✣ **외울 말씀** 범사에 여러분에게 모본을 보여준 바와 같이 수고하여 약한 사람들을 돕고 또 주 예수께서 친히 말씀하신 바 주는 것이 받는 것보다 복이 있다 하심을 기억하여야 할지니라 (35절)

도입을 위한 글

『성공의 법칙』의 저자 나폴레온 힐(Napoleon Hill)은 25년 동안 성공한 기업가들의 삶을 연구했다. 우리는 돈에 대한 그의 충고에 귀 기울일 필요가 있다. "돈을 얻는 가장 확실한 방법은 돈은 주는 것이라는 사실을 터득한 사람이다. 그런 사람은 행복한 사람이다." 현재 많은 돈을 기부하는 성공하고 행복한 사람들을 자세히 관찰해 보면, 그들이 이미 일찍부터 기부를 시작했음을 알 수 있다. 그들이 남에게 돈을 줄 수 있을 만큼 성장하기 전부터 말이다. 카네기(Carnegie), 록펠러(Rockefeller), 템플턴(Templeton) 등의 전기를 보면 이들은 이미 일찍부터 모든 것에 대해 커다란 감사의 마음을 갖고 있었다는 것을 발견하게 된다. 그들은 이런 감사의 마음에서 기부를 시작했다. 여기서 흥미로운 것은 그들이 손에 쥔 것이 아무것도 없던 시절부터 이미 감사의 마음을 가졌다는 사실이다. 남을 돕는 사람은 더불어 사는 세상의 의미를 아는 사람이다. 감사의 마음을 갖고 베풀고 나누라. 주는 것은 기분을 좋게 하고, 우리에게 활력을 줄 것이다. –보도 섀퍼, 『돈』

도입을 위한 질문

❶ 여러분은 돈을 버는 것과 베푸는 것 중에 어떤 것이 더 중요하다고 생각합니까?

❷ 여러분은 가진 것에 감사하며 다른 사람을 물질로 섬긴 적이 있습니까?

본문 질문

❶ 바울은 밀레도에서 누구를 초청했습니까(17절)?

*밀레도: 에베소 남방 58km 지점에 위치한 이오니아 주의 해안 도시다.

❷ 바울은 에베소 성도들을 어떻게 섬겼습니까(19-20절)?

❸ 바울이 유대인과 헬라인들에게 증언한 내용은 무엇입니까(21절)?

❹ 바울은 자신의 앞날을 어떻게 전망했습니까(22-27절)?

예루살렘에서 당할 일(23절)	바울의 결단(24절)
에베소 성도와의 관계(25절)	**바울의 입장(26-27절)**

❺ 다음 글을 읽고 헌신의 능력에 대해서 정리해 보십시오.

미국 텍사스의 독실한 가정에서 태어난 루비 켄드릭(Ruby Kendrick)은 어린 시절부터 불신자에 대한 구원의 열정이 가득했다. 그녀는 1907년 9월, 해외 선교의 비전을 품고 조선으로 향했다. 텍사스에서 콘퍼런스가 열리던 중 그녀로부터 편지 한 통이 도착했다. "만일 내게 천 개의 생명이 있다면 그것을 모두 조선에 주기를 원하노라"는 내용이었다. 그 편지는 수많은 사람의 심령을 감동시켰다. 그런데 콘퍼런스 이튿날 그녀가 세상을 떠났다는 비보가 전해졌다. 그녀는 세상을 떠나기 전에 이런 말을 남겼다. "내가 죽으면 텍사스 청년들에게 10명씩, 20명씩, 50명씩 조선으로 오라고 일러 주십시오." 그 말은 당시 그곳에 있던 수많은 젊은이의 가슴에 선교의 불씨를 지폈다. 오늘날 한국 교회의 기적은 결코 우연히 일어난 것이 아니라, 믿음의 선배들의 헌신과 순교의 터 위에 세워진 것이다. -박경진

❻ 바울은 에베소 장로들에게 어떤 책임을 주고 있습니까(28절)?

*자기 피로 사신: '그 (자신의) 피를 통해 얻었다'라는 뜻으로 뜨거운 애정이 깃든 표현이다.

❼ 바울은 에베소 교회를 이단의 공격으로부터 지키기 위해 어떤 권면을 합니까 (31-32절)?

❽ 바울은 에베소 성도들이 물질에 대해 어떤 태도를 갖기 원했습니까(35절)?

더 깊은 연구와 묵상을 위하여

❶ 예수님은 제자들을 전도 여행 보내실 때 어떤 자세를 원하셨습니까(마 10:8)?

❷ 하나님은 죄인인 우리를 구원하시기 위해 무엇까지 주셨습니까(요 3:16)?

적용을 위한 글

바울의 밀레도 설교는 사도행전에서 그리스도인을 대상으로 한 유일한 설교다. 바울은 에베소에서 지낸 3년 동안, 자신을 변화시킨 예수 그리스도만을 전하기 위해 인내했고 겸손과 눈물로 하루하루를 보냈다. 그리고 다시는 볼 수 없는 에베소 장로들에게 자신이 삶으로 보여 줬던 예수 그리스도의 헌신의 삶을 닮아가길 소망했다. 특별히 교회 지도자답게 거짓 복음을 분별하고 이겨 낼 수 있는 하나님의 말씀을 소중하게 여기며, 물질을 탐하기보다는 주는 일에 힘쓰라고 권면했다. 바울의 권면은 2천 년이 지난 지금도 하나님께서 당신의 피로 사신 교회를 사랑하는 성도들이 꼭 기억하고 실천해야 할 말씀이다.

적용 및 결단을 위한 질문

❶ 예수님께서 여러분을 하나님의 자녀로 어떻게 변화시키셨는지 함께 나눠 봅시다.

❷ 예수님이 주신 구원에 감사하는 마음으로 여러분이 이웃에게 베풀 수 있는 것은 무엇입니까?

12. 순종의 열매는 달다

✢ **본문** 열왕기상 9:1-9

✢ **외울 말씀** 네가 만일 네 아버지 다윗이 행함 같이 마음을 온전히 하고 바르게 하여 내 앞에서 행하며 내가 네게 명령한 대로 온갖 일에 순종하여 내 법도와 율례를 지키면 (4절)

도입을 위한 글

우리가 성경을 읽고 성령님이 그것을 이해하도록 도우셨다 하더라도 순종하지 않으면 여전히 안일한 신앙 속에 있게 된다. 성경에 대한 이해가 우리 삶을 변화시키지 못한다면, 얼마든지 죽은 교리에 빠질 수 있다. 그러므로 단지 말씀을 이해했다는 사실 하나에 만족하고 안심하는 것은 위험하다. 우리는 말씀을 행하는 자가 돼야 하며, 듣기만 하여 자신을 속이는 자가 되어서는 안 된다(약 1:22). 복음주의자들의 설교는 그리스도에 대한 믿음을 심어 주는 데는 성공했지만, 진실한 믿음이란 기꺼이 우리의 죄된 행동을 버리고 그리스도의 주권에 굴복하는 것임을 일러 주는 데는 실패했다. 본회퍼(Bonhoeffer)는 믿음과 순종을 하나로 봤다. "믿는 자만이 순종할 것이며, 순종하는 자만이 믿게 될 것이다." 이것이 우리에게 진정한 희망을 준다. 우리 믿음이 요동하며 곤란한 지경에 빠졌을 때 우리가 할 수 있는 일은 무엇인가?

–게리 콜린스, 『균형잡힌 그리스도인』

도입을 위한 질문

❶ 여러분의 믿음은 하나님께 순종하는 참믿음입니까, 아니면 불순종하는 죽은 믿음입니까?

❷ 하나님의 말씀에 순종했을 때와 불순종했을 때, 각각 어떤 삶의 변화가 있었습니까?

본문 질문

❶ 하나님께서 솔로몬에게 다시 나타나신 때는 언제입니까(1–2절)?

*기브온(2절): '산에 속해 있는'이란 뜻으로 예루살렘 북서쪽 9km 지점의 베냐민 지파 성읍이다. 실로의 성막이 무너진 후 이곳으로 성막이 옮겨졌고, 솔로몬은 이곳에서 일천 번제를 드리다가 지혜를 선물로 받았다(왕상 3:4–15).

❷ 하나님은 솔로몬이 완공한 성전에 어떤 은혜를 부어 주셨습니까(3절)?

*내 눈길: 신인동형동성론적 표현으로, 하나님께서 당신의 백성을 늘 지켜보시며 그 언행심사를 세밀히 살피고 계심을 시사한다.

❸ 하나님은 솔로몬이 아버지 다윗처럼 어떻게 행동하기를 원하셨습니까(4절)?

*온전히 하고: 원뜻은 '완성하다, 완전하다'이며, '성실(충실)하다, 정직하다, 변함없이 한결같다'라는 의미를 담고 있다.

❹ 솔로몬이 하나님의 말씀에 순종했을 때 어떤 은혜가 있었습니까(5절)?

❺ 다음 글을 읽고 순종의 열매에 대해서 정리해 보십시오.

> 그리스도께서는 하늘로 올라가시기 전에 위로자 곧 성령을 보내 주시도록 아버지께 기도하셨다. 이 기도를 한 번만 드리지 않고, 당신의 중보 사역의 일부로 삼으셨다. 주님은 "항상 살아 계셔서 그들을 위하여 간구하실 것"이다. 아버지의 영으로 말미암는 지속적인 교통은 아들을 통해서 온다. (중략) 사탄의 속삭임에 솔깃하여 불신앙과 게으름에 빠지지 말라. 주님께서 "너희가 나를 사랑하면 나의 계명을 지키리라"(요 14:15)고 말씀하셨으니, 주저하지 말고 주님께 자신을 맡기라. 주님은 허황된 약속으로 우리를 속이지 않으신다. 오히려 은혜를 주시고, 당신의 사랑을 주시며, "저는 당신의 뜻을 행하기를 기뻐합니다"라고 말하도록 가르치신다. 어린아이 같은 믿음으로 주님을 의지하고, 우리 자신을 온전히 그분의 뜻에 내맡기자. 그러면 "너희도 내 계명을 지키면 내 사랑 안에 거하리라"(요 15:10)는 아름다운 응답을 받게 될 것이며, 아버지께서 성령을 매일 새롭게 보내 주실 것이다.
>
> —앤드류 머리, 『앤드류 머리의 12가지 비밀』

❻ 하나님께서 말씀하시는 불순종의 모습은 무엇입니까(6절)?

❼ 이스라엘 백성이 하나님께 불순종할 때 하나님은 어떤 재앙을 내리십니까(7절)?

❽ 세상 사람들은 이스라엘에 임한 재앙을 보고 어떤 반응을 보입니까(8–9절)?

*따라가서(9절): 원뜻은 '단단히 매다, 착 달라붙다'이며, '굳게 붙잡고, 열중하며, 전적으로 의지하다'라는 의미다.

더 깊은 연구와 묵상을 위하여

❶ 성전을 짓지는 못했지만 하나님의 말씀에 순종했던 다윗은 하나님께 어떤 약속을 받았습니까(삼하 7:11–16)?

❷ 하나님께서 당신의 백성들에게 가장 원하시는 것은 무엇입니까(미 6:8)?

적용을 위한 글

솔로몬이 하나님의 이름과 눈과 마음이 머무는 성전을 완공할 수 있었던 것은 아버지 다윗의 순종이 있었기 때문이다. 다윗의 생애는 '코람데오', 즉 하나님 앞에서 그분의 법과 율례를 지켰던 순종의 삶이었다. 그래서 열왕기에 기록된 왕들의 삶을 판단할 때 '정직'의 기준은 항상 다윗이었다(왕하 18:3, 22:2). 하나님께서는 성전 건축을 마친 솔로몬에게 두 번째로 찾아오셔서 순종과 불순종의 기준이 되는 '우상 숭배'를 말씀하셨다. 하나님께서는 솔로몬과 이스라엘 백성에게 온전히 하나님만 의지하고 사랑할 때, 다윗에게 약속하셨던 영원한 보호하심을 약속해 주셨다. 하지만 하나님을 버리고 헛된 우상을 의지하면 하나님의 임재를 상징하는 성전마저도 던져 버리실 것이라고 말씀하셨다. 결국 하나님께 순종하는 자만이 하나님과 영원히 함께하며 그분이 주시는 은혜를 누릴 수 있다.

적용 및 결단을 위한 질문

❶ 여러분이 하나님보다 더 의지하고 사랑하는 우상은 무엇입니까?

❷ 하나님을 의지하고 그분의 말씀에 철저하게 순종할 때 누렸던 은혜가 있다면 함께 나눠 보십시오.

클래식 도서

현대인을 위한 천로역정

성경 다음으로 사랑받는 이 책은, 크리스천과 그의 가족과 친구들이 천국에 가는 모험담을 담고 있다. 존 번연의 기발한 통찰력과 비유를 통해 고난을 넘어 천국에 입성하는 자신의 모습을 미리 맛보도록 하자.

■ 존 번연 지음 | 값 14,500원

현대인을 위한 죄 죽이기

죄악된 본성을 붙잡고 씨름할 때, 하나님의 방식대로 이겨 내야 열매를 거둘 수 있다. 성령의 능력으로 죄를 죽이고, 거룩한 삶을 사는 방법이 바로 이 책에 있다.

■ 존 오웬 지음 | 값 13,000원

현대인을 위한 성도의 공동생활

본회퍼의 대표작인 이 책은 기독교 공동체가 갖는 사귐의 아름다운 영성을 주옥같은 필체로 형상화했다. 참된 신앙고백 안에서 그리스도인의 고귀한 사귐을 느껴 보라.

■ 디트리히 본회퍼 지음 | 값 11,000원

현대인을 위한 참된 목자

사명을 이루기 위해 처음부터 끝까지 하나님의 방법으로 행하라. 목자가 스스로 복음의 확신을 갖고 항상 깨어 일한다면, 그를 통해 수많은 영혼들이 하나님께 돌아와 영광을 돌리게 될 것이다.

■ 리처드 백스터 지음 | 값 12,000원

추천 도서

하늘의 음성 30일 묵상편

이 책은 산상수훈이 오늘날 한국 교회와 그리스도인들에게 어떤 도전을 하는지 살펴봄으로써, 성도들이 자신의 신앙을 점검하고 예수님의 가르침대로 살 수 있는 길을 제시하고 있다.

■ 김경섭 지음 | 값 16,000원

스토리텔링 다윗 설교

이 책은 다윗의 모습을 통해 오늘날 그리스도인들이 무엇을 따라가야 하는가에 대한 방향성을 제시한다. 또한 스토리텔링 설교 형식으로 다윗의 생애를 전달하며 진정한 그리스도인의 삶의 본보기를 제시할 것이다.

■ 김연수 지음 | 값 11,000원

믿음의 영웅들 40일 묵상편

이 책은 하나님의 약속을 믿고 살아간 믿음의 영웅들의 발자취를 따라가며, 다양한 사례를 통해 하나님의 자녀가 어떤 믿음의 신조로 살아가야 하는지 방향성을 제시하고 있다.

■ 김경섭 지음 | 값 16,000원

열정적 설교

이 책은 목회자들이 설교에 열정을 회복하도록 권면한다. 또한 설교에 담겨야 할 핵심적인 요소를 짜임새 있게 제시하여, 열정적이며 유능한 설교자로 성장하도록 이끌어 줄 것이다.

■ 알렉스 몬토야 지음 | 값 10,000원

추천 도서

설교, 그 영광의 사역

이 책은 복음의 본질에 기초하여 성경적 설교의 이론과 실제를 체계적으로 소개하고 있다. 이로써 설교자들이 성경적 설교를 통해 영광스러운 하나님의 사역을 충실히 감당할 수 있도록 도울 것이다.

■ 한진환 지음 | 값 16,000원

좋은 교회에서 위대한 교회로

'좋은 교회'를 넘어 '위대한 교회'로 도약하는 것은 하나님의 뜻이며 비전이다. 이 책은 목회자의 리더십 변화를 통해 급성장한 교회들을 제시하고, 목회자들이 침체와 안일함에서 벗어나 도전하도록 격려한다.

■ 톰 레이너 지음 | 값 15,000원

사명을 수행하는 교회

하나님께서는 빠른 변화에 직면한 소형 교회가 멋지게 전환하여 이 시대에 필요한 사역을 감당하기 바라신다. 이 책은 소형 교회가 위기를 기회로 받아들이고 사명을 펼쳐나갈 수 있도록 도울 것이다.

■ 데니스 비커스 지음 | 값 10,000원

교회 갈등, 이렇게 해결하라!

올바른 커뮤니케이션에 도달하는 방법을 다루는 이 책은 교회의 지도자 훈련 교재로 사용할 수 있다. 또한 하나님의 교회가 갈등 안에서 사역과 성장에 새로운 활기를 얻어가는 과정을 볼 수 있을 것이다.

■ 케네스 갱겔 · 새뮤얼 케이나인 지음 | 값 15,000원

지은이

김지용 목사

총신대학교 신학대학원

죽전 안디옥교회 목사

심도 있게 편찬된

구역 및 대학 · 청년부 성품 G.B.S. 시리즈 ❸

순종

지은이 | 프리셉트팀(김지용)

초판 1쇄 | 2016년 7월 13일

발행인 | 김경섭
국제총무 | 최복순
총무 | 김상현
기획국장 | 김현욱
서적부 | 양재성, 신충경
편집부 | 고유영(편집실장), 김지혜(편집), 허윤희, 유권지(디자인), 박은실(디자인)

발행처 | 묵상하는사람들
등록번호 | 20-333
일부총판 | 생명의말씀사 Tel. (02) 3159-7979 Fax. 080-022-8585

주소 | 서울시 동작구 사당로2가길 91(사당동) (우) 07028
전화 | (02) 588-2218 팩스 | (02) 588-2268
홈페이지 | www.precept.or.kr
국민은행 772-21-0310-382(김경섭)

값 3,200원
ISBN 978-89-8475-686-1 04230
978-89-8475-659-5 04230(세트)

독자 여러분의 의견을 기다립니다.
독자 전화 (02) 588-2218 / pmnqt@hanmail.net